JN085691

心が折れない教師

熱海康太 著

東洋館出版社

はじめに

教師になると、指導技術に関しては教わる機会がそれなりにある。一方で、メンタル面に関してはどうだろう。「教師になる人は人間性も素晴らしい」前提で採用され、実際に同じタイミングで配属された人や先輩がメンタルマッチョで、内心ビビってるなんてことはあるあるだ。

かくいう私も、教師になりたての頃は、メンタルガリガリだった。

私は、公立小学校に採用されたものの、周囲の素晴らしい先生方に圧倒され、多くの保護者や子どもたちの見えないプレッシャーにやられた。

そこで、教育を外から見る努力をし、自分でも本を執筆し、セミナーを行ってみることにした。

また、公立学校を離れ、私立学校や教育系民間企業で働いたことも、メンタルマッチョな視点を得るために重要だったと感じている。

私は、こんな感じの紆余曲折の中、筋肉と同じように、心を少しずつ傷つけては太くしていったが、正直、暗中模索感は半端なく、心が折れそうなことは何度もあった。

皆さんには、そこまでの苦労はしてほしくない。

しかし、情報が溢れている今も、メンタルマッチョへの道を、改めて言語化してくれることは少ないのだ。

そこで、この本の出番がきた。

この本では、教師がメンタルマッチョでいられる考え方を50紹介している。

「堂々とした教師でいたい」「今日、勝負なんだよな」「テンション上げていきたい」「最近、弱ってるかも…」といったメンタル系で引っかかることがあったら、ぜひページをめくっていただきたい。

さあ、あなたもメンタルマッチョな教師になるのだ！

目次

太陽を見れば、影は見えない……10
学びがあるだけ……12
怪物にしない……14
恐れは見ることでなくす……16
冷静でなくては、とても通用しない……18
一つに寄りかからないクセ……20
大人は上機嫌で人を動かす……22
自分の考えをもつ……24
残心……26
グラウンドに立つ……28

笑っておけばいい……30
正しさなど存在しない……32
人生は百年の暇つぶし……34
「能力がなくてできない」と「大変そうだからできない」の狭間……36
視座を保つ……38
脳は自他を区別しない……40
人間関係は、振り切らなければうまくいく……42
悲しみは飲み込めない……44
無心でどこか動かす……46
楽≠楽しい……48

リアクションからアクションへの転換……50
自己肯定感≒他者肯定感……52
その関係に可能性を残す……54
運があるとすれば人が運んでくる……56
一日寝かしてみる……58
思考や指導のシンプルさを自覚する……60
緊張に少しの怒りの処方箋を……62
やらなかった後悔は残る……64
もういっそここを外国だと思えばいい……66
鏡は先に笑わない……68

知らないだけ……… 70
覚悟は瞬間で決める……… 72
礼儀とは隙のなさ……… 74
寝る前に推し活……… 76
頭が悪いわけではない……… 78
寝て、運動して、人に会う……… 80
今と今と今と…………… 82
中庸であれ……… 84
可視化できないことを楽しむ……… 86
変化こそ成長、喜び……… 88

真似から始める……90
幸せそうに歩いてみる……92
宮沢賢治をスピッツのように楽しむ……94
完璧でない状態に慣れる……96
情熱の置き場に戻る……98
写真を撮るように、山に登るように……100
呪いをかけない……102
必殺……104
結局は一生懸命にやるしかない……106
あと何回あるのだろう……108

太陽を見れば、影は見えない

人間はネガティブな方に注目してしまう性質がある。

これは、危険回避するための本能なので仕方ない。しかし、それで心が苦しくなってしまうことは問題だ。

そのようなときには、自分が理想とする人や考え方に触れることが大切である。

輝く太陽（理想の人や考え方）をしっかりと見ていれば、影に目が落ちることはない。

だから、多くの太陽を探しておくことが必要になる。

もし、複数の太陽を懸命に追い、自分の心の中に落とすことができれば、あなたもオリジナルの存在として誰かの太陽になっていくことだろう。

太陽を見続け、少しずつでも進んでいくことで、ネガティブの影に落ちることはない。

学びがあるだけ

本気でやっているのに多くの失敗をして泣きたくなることがあるかもしれない。どうして自分だけがうまくできないのだと、悔しさに身動きが取れなくなることもあるだろう。

しかし、それらは失敗ではない。長期的に見れば、すべて学びであり、あなたが人間として成長をするために必要な経験であるとい

うだけの話だ。

失敗があるとするならば、失敗できないこと、本気で物事にむかえないことだろうか。いや、結局は、それすらも学びである。失敗だと感じられた時点で、人生の使い方は大成功と言えるだろう。子どもたちが目指す学びの成功モデルが、そんな多くの失敗（学び）を恐れずにできるあなたというわけだ。

怪物にしない

子どもは「怪物」じゃない。

しかし、経験年数にかかわらず、子どもがどこまでも怪物に見えてしまい、眠れない夜を経験することはあるだろう。

そんなときは「知識」、「想像力」、「余裕」のいずれかが不足している可能性がある。

「知識」、「想像力」においては物事を細分化することだ。「余裕」においては睡眠で、少しずつでも満たしていくことで解決する。ただ、そうだとわかっていても、恐れや嫌悪感が収まらないときもあるだろう。「それはそれでいい」と受け入れながらも、どこかで「肥大した恐怖心」であることに気づくとよい。

目の前の子どもが「子ども」でなくなる瞬間に自覚的でありたいものだ。

恐れは見ることでなくす

「見る」ということは簡単なことである。

ただし、それはあくまでも行動としての「見る」だ。

見た後は、現実を受け止めることが必要になる。

そのためにはマイナスの可能性も考えることが必要になってくる。

「授業がつまらないのではないか」

「クラスに、いじめがあるのではないか」

そう思うことはつらいことではあるが、それが「現実を見る」ということになるのだ。

正当化したくなる。疑うことばかりしていてもメンタルがつらいということもあるだろう。

ただ、その自分の状況すらも見るクセがついているのだとしたら、問題に対して早いうちから対処ができるようになる。

結果、見てしまった方が、ことがうまくいきやすいのである。

冷静でなくては、とても通用しない

教師が喜怒哀楽を表現することは大切なことではある。

これらの感情は生きる上で重要で、それらをしっかりと感じながら暮らしていくモデルを見せることは必要だ。

ただ、多くの思いを感じるのはいいが、振り回されないようにしないといけない。

特に、シリアスで複雑な問題に向かうほど、感情に踊らされて客観性をなくしてしまっては、とても通用しないと肝に銘じておきたいものである。

心は熱く、頭は冷静に、がよい状態だろう。

感情が乱れてしまったときには、自分を客観視できるように、ビデオカメラが自分を捉えているかのような想像をすることが有効である。

一つに寄りかからないクセ

たとえば、好きな人にフラれたときに、「自分」がなくその人にすべて寄りかかっていたらダメージは甚大である。

また、そのようなスタンスだから、フラれてしまった可能性もある。多くの依存症も、一つのものに寄りかかるからこそ問題が大きくなるのだ。

そして教師は学校がすべてになりがちである。

しかし、それは同時に逃げ場がなくなり、多角的な視点が消えていくことでもある。

学校や教育以外に、依存できる先があるだろうか。ないのであれば、趣味や興味のある世界を広げるアプローチをしてほしい。

一つのものに依存することは問題だが、百のものに依存をするならば問題はないだろう。

寄りかかれる選択肢を増やしていこう。

大人は上機嫌で人を動かす

子どもは感情を乱すことで、周りを動かそうとする。

一番わかりやすいのは赤ちゃんで、泣くことによって注目を集め、自分の生命維持を図ろうとしている。

それでは大人はどうだろうか。

同じように感情を乱して周囲に伝えては、関わりたくない人とし

て敬遠されてしまうだろう。

それならば、その反対を行うべきだ。大人は上機嫌で思いを伝えることで（あるいは伝えなくても）、人を動かしていきたい。振り切った表現のない、余裕を持った、情緒が安定している人の周りには自然に人が集まる。

笑顔で上機嫌な教師は、子どもたちや保護者とも、うまくやっていける。

自分の考えをもつ

「何がわからないかすら、わからない。だから質問できない」ということはたしかにある。

でも、だからと言って「まず教えてください」「全部教えてください」では、そのうち教える方が疲れてしまうことが多いと知ろう。

どんどん質問することは恐れず、その中でわずかでもいいので自

分の考えを伝えるとよいだろう。
「ここまで考えたのですが」「わかっているのはこれで、不明なのが…」と聞くクセをつけると、教師としても、人間としても成長が早まる。

そのような人が後輩をもつと、無下に否定せず、受容や共感、前向きな代案をできるリーダーになっていることが多い。

残心

尊敬される教師とはどんな教師なのだろうか。

それこそ人の数だけ答えは出てくるが、私は「余裕のある教師」だと考えている。

全方位的なマルチタスクが求められる仕事の中で、それでもどこか人間的な余裕のある教師は素敵に映る。

このような人間的な器を鍛えるためには、「残心を意識する」ことが有効だ。

残心は、武道や芸道で用いられた言葉で、物事が終わった後もそこに心を残す、というものである。

所作としてもだらしなくならず、心が途切れないようにするためには心の余裕や強さが求められる。

一つの仕事、行動、会話に残心を意識できるようになると、自然な余裕が生まれるのだ。

グラウンドに立つ

サッカーを見ていると、どうしてあそこに「パスを出さないのか」と思うことがあるだろう。

それはテレビカメラの俯瞰の目で見ているから言えることだ。グラウンドにいる選手は、グラウンドから見えていることを元に必死で戦っている。

テレビを見ているように評価者になることは簡単で、気持ちのよいことなのかもしれない。

しかし、何かを生み出し与えているのは、常に評価される側であることを忘れてはいけない。

グラウンドに立つことは、不安で、うまくいかず、格好悪く思えるときもある。

それでも、この世の中はグラウンドで戦う人に支えられていると理解し、勇気をもって地面を踏むことだ。

笑っておけばいい

明日が授業参観だというときに、ふともらって有難かった言葉がある。

「親は先生が笑顔であれば安心する。そして、親は自分の子どもを観に来ているだけ。とにかく、楽しく元気にやればいい」

緊張が高まる場面はだいたい、この言葉を思い出すようにしている。

厳しい場面での指導や研究授業などの緊張には、この言葉は当てはまらないと考えるかもしれない。

私は逆にそういう場面でこそ「笑っておく」ことは大切だと思っている。

緊張があるときこそ、まずは笑ってみることで思考や身体がほぐれていく感覚を知ってほしい。

まず笑っておくことから始めてはどうだろう。

正しさなど存在しない

本当の意味での「正しい」ということは存在しないだろう。

戦争を行っている国であれば、自分の命を守るために人を殺すことが「正しい」かもしれない。

日本でも、よい大学に行くことが「正しい」のだという人がいれば、コミュニケーション能力に優れていることが「正しい」のだと

いう人もいる。何だかどちらも正しいような気もするけれど、その逆に相反する「正しさ」があることにも気がつく。

つまり、子どもに対して「当たり前の正しいことをやりなさい」ということは、不明確すぎて、言うことはできない。

教師は「正しい」を振りかざすのではなく、メリットデメリットを提示できる存在でありたいものだ。

人生は百年の暇つぶし

「人生は百年の暇つぶし」は、いつも心のどこかに置いておくとよい言葉の一つだ。

一体、何のために生きているのかは誰にもわからない。

生まれてから死ぬまでにどれくらいの期間があるかも不明である。

とにかく死ぬまで人間は生命維持の他は何かしらの暇つぶしをし

て生きるということだ。

それなら、そんなに重く考えず、生きていること自体が余暇だと思っておくのもいいのかもしれない。

特に教育は、効果が出るまで時間がかかり、短期的な成果だけが子どもたちの成長ではない。

ゆったりと構え、とても意味のある最高の暇つぶしを楽しんでみてはどうだろうか。

何に意味があり何が無意味であるかは、誰にもわからないのだ。

「能力がなくてできない」と「大変そうだからできない」の狭間

あなたがやろうかどうか迷うときは、「能力がなくてできない」と「大変そうだからできない」の狭間にいるときだ。

現状、能力がなくてできないという要素は大きいのだけれど、結局はその能力を習得することに支払うコストが大変そうだからできないという部分もある。

多くの場合は「大変そうだからできない」に寄っていることが多いのではないだろうか。

教師という仕事は多くの能力が求められるが、そこでの仕事の中で「今後未来に渡っても能力を身につけられなくてできない」という種類のものについては、あまり ないと言っていい。

むしろ、迷っている時点で、「できるかも」と考えていることが多いだろう。

視座を保つ

失敗したり、叩かれたりすればどんな人でも自信を失う。

それは仕方のないことだ。

目標を下方修正しなければならないこともあるかもしれない。

結果は、自分の実力だけではなく、運の要素も大きいため、そんなことは誰にでもある。

このときに、自分が腐らずに成長を続けるためにはどうしたらいいのだろうか。

それは、視座を保つということだ。

目標の一つを諦めたとしても、自分が今まで学んでいた景色や尊敬する人を視界から離さないことである。

短期的な結果だけで、簡単に見ているものを変えてはいけない。

具体的に言うならば、尊敬する人や勉強会や書籍での学びを捨てる必要は決してないということだ。

脳は自他を区別しない

ネガティブな批評家がいる。

他人のことをこき下ろし、マウントを取るような人のことを、あなたは苦手かもしれない。

でも、その人自身も、あまり幸せではない人と言えるかもしれない。

脳は自分も他人も区別しない。

他人を悪く言うことは、自分を悪く言うことと同じで、大きなストレスを感じる。

一方で、他人や自分の置かれた環境を声に出してポジティブに捉えられるという人は、自己肯定感が高く、幸せであることは言うまでもないだろう。自分の行動は、自分に返ってくる。

自分の他者への思いでさえも、自分に返ってくるとされている。

自分を愛でるつもりで、他人と世界を愛していけばいい。

人間関係は、振り切らなければうまくいく

人間関係が崩れるときはたった一点。

振り切ってしまう行動をしたときだ。

わかりやすいのが、激怒してしまったときや、無視を決め込んでしまったとき。

ただ、わかりづらい部分として、ふてくされてしまったり、皮肉

で伝えてしまったりすることも、振り切ってしまった表現であると覚えておいた方がいいだろう。

そのようなことは「そもそも表現手段だと思っていない」かもしれない。

ただ、周りには伝わっているし、「あなたもそれがわかるから、そんな態度を取る」ということは自覚した方がいい。

あなたが表すほんの小さな仕草も、周りには、「あなたの気持ち」として伝わっているのだ。

悲しみは飲み込めない

つらいことがあるときの対処法は、様々紹介されている。

ただ、何をしてもダメなときはダメ、と心のどこかで知っておくことも必要である。

悲しいことは悲しいし、つらいことはつらいし、そうでないのならむしろそれは悲しみにもつらさにもならない。

では、どうすればいいのかと言えば、「悲しみもつらさも置いておく」ということだ。

それをなくそうとすると余計つらく、解決しようとするほど、傷口に塩を塗り込むような痛みを感じることだろう。

悲しみやつらさがあることを受け入れ、それすらも人生の味わいとして感じていくということを、少しだけ考慮してみることだ。

当然、病気や誰かの犯罪行為については我慢をする必要などない。

無心でどこか動かす

つらいときはどうしたらいいか。

その答えは「無心でどこかを動かす」しかないと思っている。

つらいことは基本的には時間が解決してくれるものだ。

特に、教師の生活は4月になれば大きくリセットされる。

しかし、その時間を経過させることが容易ではないのだ。

その前に心が折れてしまうことがないとは言えない。

そうならないようにするためには、身体か、頭か、手を動かすことが大切である。

とにかく無心で運動する、無心でタスクのみ考える、無心で作業をする、その繰り返しで時間は経過していく。

また、その中で、わずかな達成感や気づきが出てくることもある。

とにかく、どこかを無心で動かすことで乗り切るのだ。

楽≠楽しい

教師の仕事は決して楽ではない。

むしろ、ブラック化が叫ばれる現状において、疲労困憊の先生は多いことが現実だ。

そんなときに、一般企業に就職した大学の同級生たちのＳＮＳで流している華やかなことが、なんだか羨ましくなるときがあるかも

しれない。

しかし、私が様々な仕事を経験した上でお伝えしたいのは、「教師ほど命を燃やして本気になれる仕事は珍しい」ということだ。

毎日ヘトヘトになって眠る中に、ほんの少しでも自分の成長を感じられるのなら、それは先々、「真の楽しい」に変わる。

たった一度しかない人生である。

当たり障りのない選択をするのでなく、「真の楽しい」に目を向けてみてもいいのではないだろうか。

リアクションからアクションへの転換

「重い分掌はほしくない」、「難しい子の担任は避けたい」という気持ちはわかる。それは別に思っていてもいいし、自分を守るために主張することが必要な場合も大いにあるだろう。ただ、そこで思い切り気持ちを変えて、自分から飛び込んでいくイメージができたら、世界は面白いくらいに変わるのだ。

「やらされる」というリアクションから、「やる」を飛び越えて、「自分が変える」「創り出す」「一旦ゼロにする」などのアクションに移行できれば、物事に没頭することができる。

幸せの一番シンプルな形が「没頭」である。没頭は自分の世界を変え、リアルな世界も変えていくものだと理解したい。

自己肯定感＝他者肯定感

自己肯定感を上げたい場合、どうすればいいのだろうか。

手っ取り早い方法は、誰かに感謝をして、他者のためにひたすら尽くすことである。

自分の周りや取り巻く人から冷たくされていると思っている人はなかなか自己肯定感を得づらい。

自己肯定感が低いから周りを認められない、スルーできない（自分は自分、相手は相手と割り切れない）状態であるとも言える。

そのループを断ち切るには、まず自分から真剣に他者に尽くすことだ。

幸い、教師には日々尽くすことができる子どもたちが目の前にいる。

表面的な優しさではなく、誇りをもって将来的な成長を支える指導に努めれば、教師は自分をいくらでも好きになれる。

その関係に可能性を残す

職員室の人間関係が重要なのは言うまでもないが、時にまったくと言っていいほど、合わない人に出くわすことがある。

不条理に叱られた、言い合いになった、調子に乗っていて気に食わない…など、ありのままの日常には色々あるのだ。

そんなときでも、その人を「心理的に完全に切ること」は、しな

い方がいい。

毎日顔を合わせる関係でそうしてしまうと、逆に苦しくなるのは自分なのだ。

「そのときはそのとき」と切り替える。

「挨拶だけはしよう」「少しでも不快になったら撤退するけど、まずは気にせず話そう」などルールを決め、可能性は残しておいた方がむしろ楽だと知ることだ。

運があるとすれば人が運んでくる

運というものは基本的にはないと思っている。

どんなことにも理由はあり、確率論の世界で語れることがほとんどなのではないだろうか。

それでも、あえて運だというのであれば、その運をアップさせる方法にもやはり理由はあるのだろう。

その一番の要因は、「人」と考える。

日頃、自分以外の人に対して、プラスのアプローチをしていれば、同じようにプラスのアプローチを返してくれることは増えるだろう。

それが自分にはわからないところで回りに回って、ラッキーとして自分に届くという結末なら納得できる。

だから、人に対して、また周りの環境に対して、プラスのアプローチを続けることは合理的な開運方法と言えるのではないだろうか。

一日寝かしてみる

ラブレターを夜中に書くと、日中のテンションとはちがうから、大抵、現実味のないものになる。

新しい発想や企画も同じで、思いついたときの熱が冷めるまで一日寝かした方が、よいアイディアに仕上げられることが多いだろう。

そして、これはネガティブな気持ちも同じである。

もやもやすることほど、根を詰めて考えてしまい、うまくいかないループに入ってしまうことがある。

そんなときには、気持ちや考えごとを寝かしてしまうことが、思いのほか大切になってくる。

忘れようと思っても、どうせ考えてしまうものだから、積極的に寝かせようとしていい。

気持ちを寝かせる練習は、習慣にするとよいだろう。

思考や指導のシンプルさを自覚する

教育とは、複雑で様々な要素が絡むものである。

たとえば、喧嘩があって子どもが誰かに殴りかかった場合には、教育的な配慮の下、両者の背景にじっくり迫る必要がある。警察に突き出せばいい、のようなシンプルなものではない。

大きなことだと感じているのに「とにかく謝らせる」「煽った方

に原因がある」などとシンプルにことが進んでいくときには、一度客観的な視点を入れる必要があるだろう。

また、子どもについて教育的な判断をする場合も、このシンプルさを基準にしてみるとよいだろう。

シンプルさが顕著なときには、それは思い切りのよさではなく、「バランスを崩している」可能性を考慮していきたいものだ。

緊張に少しの怒りの処方箋を

適度な緊張は物事のパフォーマンスを上げてくれるので、悪いものではない。

ただ、どうしようもないほど不安になってしまったり、眠れなかったりするならば対処しなくてはいけない。

緊張は多くの場合、自分を大きくみせようとする場合に起こるも

のだ。

また、目の前のことを大きく捉えてしまったときにも起こる。まずは等身大の自分で、緊張の対象を冷静に見つめてみることだ。

さらに効果的なのは少しの怒りをもつことである。

怒りと緊張は同居できない感情と言われている。

「なにくそっ」と思ったこと、悔しかったことを想起することで、緊張を追い出してしまうことが可能になる。

これが怒りの唯一の有効な使い道とも言えるだろう。

やらなかった後悔は残る

誰しも生きていれば、多くの後悔を抱えているものだ。
その中でも、やらなかった後悔はいつまでも自分の心に残る。
人に与えられている時間は有限である。
できることは限られている。
仕事に限らず、したいと思ったことは、転んで失敗する可能性が

あったとしても行う方がよいと考えている。

それが、「前に転ぶ」ということだろう。

うまくいっても、そうでなくても全力で行ったことは学びとなり、また大切な思い出となるのだ。

さらには、どんなことでも遅すぎることはない。

今、この瞬間から興味のあることを始めてみよう。

時間のない人はググるだけでもいい。それでも、0が1になった変化は大きい。

もういっそここを外国だと思えばいい

当たり前だが、隣にいる人の心は読めない。

目の前で起こる事象がちがっても、もっている価値観がちがうので、心を完全に読むことはできないのだ。

相手の気持ちを推し量ることが上手な人もいる。

一方で、人間関係に不器用な人もいる。

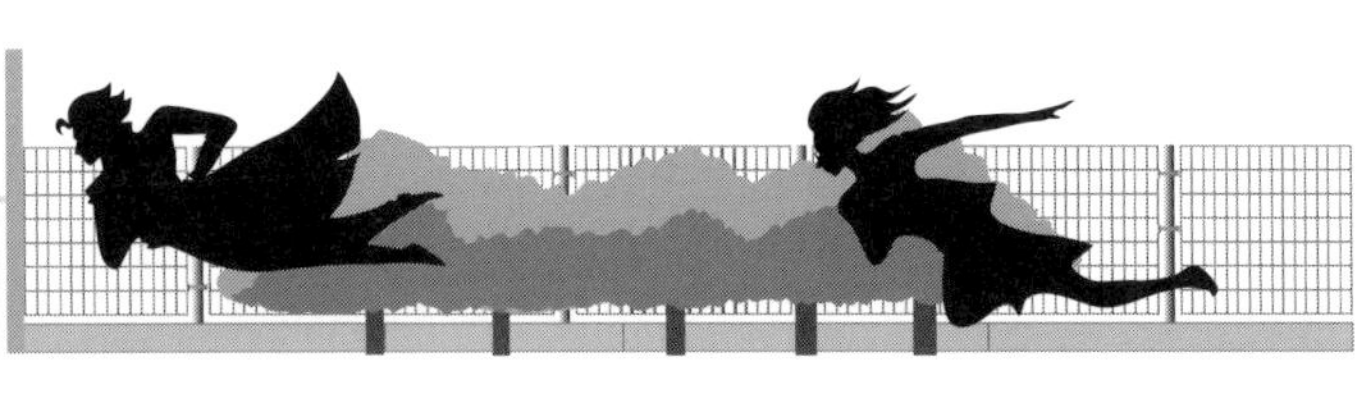

後者は、初めからわかり合える前提でコミュニケーションを進めるとつらいことが出てくる。

ならば、いっそここを外国だと思って、自分の日本語を相手の言語に翻訳して伝えるように考えてみるといいだろう。

そうすることで、相手の価値観に思いを寄せることができるし、わかり合えずとも「ここは外国だから」と楽に考えることもできるのだ。

鏡は先に笑わない

「人間関係は鏡である」と言われている。

あなたが誰かに朗らかに接していれば、人間関係は朗らかになるし、あなたが誰かに淡泊に接していれば、人間関係は淡泊になる。

重要なのは、「鏡は先に笑わない」ということだ。

鏡の中の自分は、自分が動かなければ動かない。人間関係におい

ても、まず自分が動くことが大切なのだ。

もっと言えば、どんなことでも自分が動けば動いていくものである。「そんなこと言っても、児童生徒との関係はちっともよくならない」と思われるかもしれない。

たしかにあなたがそう感じたのであればそうなのだろう。

少なくとも、その「よくなる」もあなたの心の動き次第だということは言える。

知らないだけ

子どもに腹が立つときには、「知らないだけ」と考えると多くの場合に納得がいく。

「バカ」や「死ね」、他にももっとひどい言葉、また行動をする子もいる。

しかし、その子は自分の思いを伝える手段を、その方法でしか知

らないだけだ。

そうでない選択肢を与えてあげるのが、あなたの仕事である。

そこまで割り切れないにしても、子どものネガティブな行動の裏に隠された気持ちの部分を考えると、表面的に見えているネガティブとはかなり形がちがうことに気がつくだろう。

それは、大人でもそうである。

ネガティブな関係の表面以外を見つめるくせをつけると、人付き合いはとても楽になる。

覚悟は瞬間で決める

教育的な判断は慎重に行う必要があるし、そこには冷静さが大切になってくる。

しかし、何か問題があるときには、その前に自分の覚悟が決まっていないことも多いのだ。

教育的な判断を行う前に「この問題に対してはどんなに面倒でも

しっかりと解決する」という覚悟がなければいけない。

自分が解決するべき優先順位を事前に整理しておくと（「いじめは絶対に最優先に解決する」など）、その覚悟をもちやすくなるだろう。

教育的な判断には時間がかかったとしても、自分の覚悟やスタンスについて、一瞬で決められる教師は常に強い。

礼儀とは隙のなさ

「きちんとした格好で登校しろ」

「常にジャージを着るな」

などと言われることがあるかもしれない。

これの本意は「隙をつくるな」ということだ。

世の中には様々な礼儀があり、「本質的ではない」「時代錯誤だ」

と感じることもある。しかし、これは隙をなくし、自分を守るためのものであると理解すれば飲み込みやすい場合がある。

礼儀を重んじることで、多くの人に失礼がなく、本質とはちがう部分を突っ込まれにくくなる。

本質で戦うための鎧が礼儀作法なのだ。

これを身につけておくことで、あなたはストレスなく、自分の考えを表明することができる。

寝る前に推し活

寝る前の時間は大切である。

記憶が寝ている間に固定化されるのは周知の事実だ。

では、あなたはどんな記憶を固定化したいだろうか。

覚えなければならないことはもちろんそうだろうが、ポジティブな感情を固定化できれば心は豊かになるだろう。

そこで、寝る前に「今日あった子どもとの楽しかったことを思い出そう」となればそれが一番よい。

ただ、そうできないことも多々あるのが現実だ。

そんな場合は、「推し活」をおすすめする。

寝る前に少しでも大好きなものに触れることで、ポジティブに眠ることを固定化していけばよい。

ただ、睡眠時間を死守することは最重要なので、ほどほどに行いたいものだ。

頭が悪いわけではない

隣の先生は、なんて要領がよくて、仕事が速いのだろうと羨ましい気持ちになることはないだろうか。

誰かの頭のよさを恨んで、自分は教職に向かないのではないかと考えることがあるかもしれない。

たしかに、仕事が速い人は地頭がよい可能性は高い。

では、そのよい頭で何を考えているのか。それは、どのように「仕組化」できるかを考えているのだ。

たくさん覚えていられるのではなく「忘れない仕組み」をつくっているのであり、自然に効率的に処理しているのではなく「先にルールを決めてから作業をしている」だけである。

「マルチタスクを避ける」「優先リスト作成」「作戦を考えてから動く」「合理的な先生に弟子入りする」この辺りを試してみることだ。

寝て、運動して、人に会う

何をするにしても心身の健康が資本になる。

これを良好にするには、十分に寝て、適度に運動をして、様々な人に会うことを繰り返すことだろう。

この3つさえバランスよく保てていれば、だいたい体の調子はよく、機嫌もよく過ごすことができる。

寝ることと、運動は連動している。

運動は、興奮して眠れなくなる夜を避けることが無難だ。

日中に子どもたちと遊び、適度に疲れるのがよい。

敏感な方は、夕方以降のカフェイン摂取、入浴時間や湯温、寝室の室温を意識することでも、睡眠の質はだいぶ変わってくる。

人に会う場合にはできるだけ、バリエーション豊かに、学校関係者以外の人とも交流の機会をもつと、適度なよい刺激を得られるだろう。

今と今と今と…

過去や未来を考えると、途方もない気持ちになることがある。

過去を振り返ってみると何となくは楽しかったし、それでも未来がそこまで楽しいのかはわからない。

少なくとも今のクラスの先々のことを考えるとつらい、ということはあるだろう。

ただ、科学的にも言われている通り、人間は今の連続体でしか存在していない。

過去現在未来ではなく、現在がただ続いているのだ。

明日になったら明日が来るのではなく、ずっと今をこなして、今と今と今と…と更新されていると考えることができる。

つまりは、「過去はあまり振り返らず、未来も緩やかに捉え、今できることにフォーカスしよう」ということだ。

中庸であれ

あることを極端に強く押し進めると、そのことについてのメリットを存分に享受できる。

ただ、それを行ったときのデメリットも極端に強く受けることになるだろう。

教育的な考え方も同じで、何か一つの思いや理論に傾倒すると、

そこで得られるメリットの他に、デメリットも受けることになる。

多様性の時代を生き抜く教師は、多くの考えを子どもたちに伝え、どの選択肢の良さも悪さも冷静に把握する必要があるのだ。

ただし、中庸は、機械的に物事の真ん中を取るということではない。

状況を見ながら巧みに動きながらバランスを取っていくことが中庸であり、これからの大人のあるべき姿である。

可視化できないことを楽しむ

教育は、「完全な可視化が不可能」と知るべきだ。

教育に正解はない。

なぜなら、データ活用がどんなに進んでも、完全には数字で表すことができないからである。だから教育は、人の価値観に依存するものである。そして、人の価値観は完全に重なり合うことはない。

そこまで難しく考えずとも、世の中において完全に見えていることなど少ないことは自明だろう。

教師は優秀な人が多く、学生時代から多くを見通して、こなしてきた人も少なくない。

しかし、社会生活においてはむしろ可視化できないことが当たり前だ。

それを認め、楽しめる人が今の時代に呼応していく。

見えていないから「こそ」、の発想に立てると世界は変わるのだ。

変化こそ成長、喜び

日々の生活に変化をつけることだ。

昨日とのちがいを実感できることで、自分が成長できたことを、喜びとして感じられる。

すべてが昨日と同じ繰り返しなら、それは成長がなかったと言えるかもしれない。そういったときに、「老いがきて、健康やエネル

ギーがなくなってアクティブに変化できなくなったらそれは成長できないということか」と尋ねられたことがある。

しかし、それはちがう。

成長とは、常に心の中の問題である。

つまり、心の中がアクティブで、昨日との変化を求めている以上、それは成長の喜びを見出していることになるのだ。

疲れてエネルギーが少なめでも、まずは内面の変化に注目するとよいだろう。

真似から始める

「誰かが羨ましい」というあなたはすごくラッキーだろう。
なぜなら、その人を真似することで多くが解決するからだ。
能力や方向性がちがうとしても問題はない。
まずは、ちがいは気にせず、自分が一番真似したいと思うことから始めてみよう。

最初はなかなかうまくいかないかもしれない。

それでも、少しずつ真似することで、外見的に似せていたところから、だんだんとその人の内面にも迫ることができ、それが自分の中身に繋がっていく。

真似するのは、教育技術だけではなく、言葉遣い、ファッション、くせ、何でもいい。

「とにかく真似しておけばいい」という安心感が得られるということも、強メンタルをつくる上で大切なことである。

幸せそうに歩いてみる

「笑うから楽しい」という文章があるが、自分のキャラ的に笑顔が苦手とか、笑う場面ではないとかで、笑顔が苦手な人もいるだろう。

そんなときでも胸を張って堂々と歩いてみるという選択肢ももっておくといいだろう。

まず胸を張ると、猫背がちな人ほど、自然と身体がストレッチ

し、血行がよくなる。

また、オープンスタンスになることで、心身が多くのものを受け入れる体勢になれるのだ。

後は、きびきび歩くことで、ネガティブを跳ね返すことができる、というイメージをもつことも重要である。

堂々と幸せそうに歩くことから、堂々と幸せになっていけばいい。

宮沢賢治をスピッツのように楽しむ

若いうちはジェットコースターのような、わかりやすく具体的な刺激が娯楽になりがちだ。

小学6年生で学習する宮沢賢治の「やまなし」はまったくその逆である。

多くの子がこれに初めて触れると「つまらない」「意味がわから

ない」となる。

ただし、大人になって触れる世界には物事の断片や要素を切り取った抽象的なもので溢れている。

たとえば、ロックバンド、スピッツの歌詞も抽象を捉えることで、より深く楽しむことができる。

日常の生活や仕事、人間関係の中に「よくわからない」があったときでも、抽象を読み解く面白さや深さに慣れておくと、それは苦行ではなくエンタメとして昇華できるということだ。

完璧でない状態に慣れる

この世の中に完璧なものはない。

仕事が一見完璧にできたように思えても、それは一面しか見ていないだけである。

すべてが完成して100%で回っているように見えても、どこかに「歪さ」が表れていたり、不安定な要素が内在していたりするこ

とは、むしろ自然なことだ。

特に人間の複雑な感情が絡まりあうクラスという集団において、「完璧であること」はありえないと考えた方がよいだろう。

「完璧」と思えるなら、見落としていたり、見ないようにしていたりする可能性の方が高い、と疑ってみることも必要である。

完璧でない状態を当たり前としながらも、そこから少しでも完璧に近づけることのできるメンタルセットをつくっておきたいものだ。

情熱の置き場に戻る

仕事に対してどうしても情熱がもてないときや、何もかもが嫌になってしまったときには、始まりの場所に戻るといい。この学校に初めて来たときに自分はどのように思ったのだろう。教員採用試験に合格したときにはどのような夢を描いたのだろう。もっと遡り、何がきっかけで教員になりたいと考えたのだろう、という具合だ。

母校や出身大学にそれらを想起する場所があるかもしれない。

少しずつ、ゆっくりと過去に遡ってみるのがコツである。始まりに関する多くの場所や、思いを巡り、多くの人と出会うことで、自分が今、何をすべきか、冷静な気持ちで考えられるようになるだろう。先のことを本格的に悩むのはそれからでいいだろう。

写真を撮るように、山に登るように

教師は企業で働く人のように、数字で評価されることはほとんどないと言える。

成果が見えないまま、「長期的な成長」という価値を追うことはメンタル的にも簡単なことではない。

だから教師こそ、一瞬一瞬を切り取る写真のように、今日のハイ

ライトや自分の喜び、成長を振り返ってみることが大切になる。

できたら、記録をつけてみることだ。点数化だけでも効果的である。

そうすることで、山に登っているかのように、下を振り返り、「ああ、ここまで登ってきたな」と確認をすることができるのだ。

このような成果の可視化は、行えば行うほど気持ちがよい。結果が伴わないときでも、内面的な成長にフォーカスでき、仕事の充実感を得られるものになるだろう。

呪いをかけない

指導がうまくいかずとも、授業が退屈であろうとも、それは子どものマイナスではない。

マイナスを生まなければ、少しずつでも子どもたちにプラスを積んでいくことができる。

では、何がマイナスかと言えば、「呪いをかけること」である。

呪いとは、「決めつけ」のことを指す。

たとえば、「あなたはこれには少し向いていないかもね」「不器用だな」このような言葉や思いだ。

子どもたちには、多様な可能性のある世界が待っている。

今の段階で決まっていることはないはずだ。

ネガティブ以外にも「元気があるといい」「多様な意見が素晴らしい」などの裏側に、何かの「決めつけ」が潜んでいないか、常に考えておく必要があるだろう。

必殺

必死でがんばることをしていると、結果が出ているときにはどんどんと前に進むことができる。

しかし、結果が出なくなると途端に苦しくなる。

まさに、「必ず死ぬ」という状態になるのだ。

必ずある死を前にがんばるのは、受動的な状態であるとも言える

が、そこからは物事を打開するアイディアは出づらい。

大切なのは、「必死」ではなく「必殺」の心意気である。死を前に耐えるのではなく、むしろ自分から殺しにいく積極的な思いだ。

当然、殺すは比喩である。ただ、小さいころテレビで観たスーパーヒーローは、自分から次々と「必殺」技を繰り出していたはず。

少しそのような思いで、能動的に自分のターンを得てみる発想もいいだろう。

結局は一生懸命にやるしかない

今、この本を手に取って、このページを読んでいる皆さんの状況はあまりよくないのかもしれない。

ただ、どんなに状況がよくなくても、逆に状況がよかったとしても、皆さんができることはたった一つ、一生懸命にやることだけだ。

がむしゃらに突き進むだけが一生懸命ではないし、休みも含めて

の長期的な一生懸命も行い、それでもうまくいかなければ先のキャリアを考えるという結論にもなるかもしれない。

ただ今はどんな結論になろうと納得できるように、一生懸命動いていくだけだ。

手がかりが見えなくとも、ただひたすら一生懸命に動き、一生懸命に考え、一生懸命に休むことで、少しずつ気持ちの整理がついてくる。

あと何回あるのだろう

こんな風に笑ったり、眠れないほど悔しかったり、夕焼けを見てきれいだと思ったり、目の前の子どもたちが成長していく姿に感動したりすることはあと何回あるのだろうか。

あと、100回かもしれないし、もうないのかもしれない。

だからこそ、この一瞬一瞬をほんの少しでもいいから噛みしめて

みることだ。

それを習慣化している人と、なんとなく過ぎていく人では人生の種類がちがう。

色々な思いを噛みしめているのだからこそ、今は苦しいのかもしれない。

でも、それが愚かだとは思わない。

むしろ、様々な思いを感じるために生きているのだとすら感じる。自信をもってその生き方を続けてほしい。

おわりに

いかがだっただろうか。

メンタルマッチョになれそうだろうか。

「いや、この本ではこう書いてあるんだけど、ここはちょっとちがうな」「あー、共感できない」とお思いの皆さん、素晴らしい。あなたはもうメンタルマッチョと言えるだろう。自分の生き方を貫いてほしい。

「私にはできない」「逆に自信を失った」とお思いの皆さん。

大丈夫だ。

心の筋肉も適度にダメージを受けたときに大きくなるのだ。

この本を読んだらまずよく寝ること。

起きた頃には「まあそんな考えも少しはありかな」「何かよくわからんけど変な本だった」とでも思えたら、メンタルマッチョの第一歩を踏み出している。

ここで示したことはあくまで、一つの型であるから正解ではない。

ただ、あなたがメンタルマッチョになるためにちょっとしたスパイスにはなることだろう。

心の筋肉に刺激を与えつつ、メンタルマッチョな教師人生を楽しんでほしい。

▶著者紹介

熱海康太

日能研関東グループ〔コアネット教育総合研究所〕横浜研究室主任研究員。主な著書に『学級通信にも使える！子どもに伝えたいお話100』『伝わり方が劇的に変わる！６つの声を意識した声かけ50』（東洋館出版社）、『「明るさ」「おだやかさ」「自立心」が育つ自己肯定感が高まる声かけ』（CCCメディアハウス）、『学級経営と授業で大切なことは、ふくろうのぬいぐるみが教えてくれた』（黎明書房）『駆け出し教師のための鬼速成長メソッド』（明治図書出版）、『こどもモヤモヤ解決BOOK：もふもふ動物に癒されながら、みんなの悩みをスッキリさせる159のヒント』（えほんの杜）などがある。

心が折れない教師

2024（令和6）年3月1日　初版第1刷発行

著　者　熱海康太
発行者　錦織圭之介
発行所　株式会社 東洋館出版社
〒101-0054　東京都千代田区神田錦町2-9-1
コンフォール安田ビル2階
代表　TEL：03-6778-4343　FAX：03-5281-8091
営業部　TEL：03-6778-7278　FAX：03-5281-8092
振替　00180-7-96823
URL　https://www.toyokan.co.jp

[装　丁] 原田恵都子（Harada+Harada）
[挿　画] 福島モンタ
[組　版] 株式会社　明昌堂
[印刷・製本] 藤原印刷株式会社

ISBN 978-4-491-05414-8　　Printed in Japan